JUEGA Y DESCUBRE LA CULTURA MAYA
Hunab: el guerrero
Para niños de 8 a 10 años

Colección
Librería
Serie Infantil

JUEGA Y DESCUBRE LA CULTURA MAYA
Hunab: el guerrero
Para niños de 8 a 10 años

Héctor Rosales

EMU *editores mexicanos unidos, s.a.*

D. R. © Editores Mexicanos Unidos, S. A.
Luis González Obregón 5, Col. Centro,
Cuauhtémoc, 06020, D. F.
Tels. 55 21 88 70 al 74
Fax: 55 12 85 16
editmusa@prodigy.net.mx
www.editmusa.com.mx

Coordinación editorial: Mabel Laclau Miró
Diseño de portada: Carlos Varela
Ilustración de interiores: José Luis Vázquez
Formación y corrección: Equipo de producción de
Editores Mexicanos Unidos

Miembro de la Cámara Nacional
de la Industria Editorial. Reg. Núm. 115.

1a edición: abril de 2010

ISBN (título)   978-607-14-0329-2
ISBN (colección) 978-968-15-0801-2

Impreso en México
Printed in Mexico

ISBN 978-607-14-0329-2

9 786071 403292

EL JUICIO FINAL

"Los mayas trazaron el tiempo con un calendario llamado La Cuenta Larga, y a partir de éste predijeron la fecha del fin del mundo. Los estudiosos calculan que La Cuenta Larga termina el 21 de diciembre del 2012, el día del Juicio Final." Éstas fueron las palabras que Hunab alcanzó a oír al prender la televisión. Súbitamente comenzó a tronar y a relampaguear una estruendosa tormenta que dejó en penumbras su casa.

AYUDA A HUNAB A ENCONTRAR LOS OBJETOS QUE SE RELACIONEN CON LA CULTURA MAYA EN LA SALA DE SU CASA.

Hunab, lleno de terror, corrió hacia la cocina, donde se encontraba su mamá, y le contó inmediatamente todos los pormenores de lo que había sucedido.

"No pasa nada, mi amor, fue una casualidad," dijo su mamá sonriendo despreocupada.

"No, mamá, casualidad ni qué nada, esto es una señal," replicó Hunab con una mirada más seria que la de Bob Esponja cuando se enoja con Patricio.

HUNAB DEBE ENCONTRAR EL CAMINO CORRECTO A LA PIRÁMIDE DE CHICHÉN ITZÁ. ¿CUÁL SERÁ?

A partir de ese momento, Hunab supo que su más grande meta en su tan corta vida (8 años) era desentrañar el misterio de los mayas; por lo que de nuevo acudió a su mami.

"Mamá, tú me has dicho que mi nombre es maya, ¿verdad?, ¿qué significa?." "Significa: el centro del Universo". "¿Qué más sabes de los mayas, mamá?"

"¡Nada!", respondió secamente doña Clara, y salió de la recámara velozmente.

COLOREA EL SÍMBOLO MAYA HUNAB KU.

Hunab, quien era un niño muy inteligente, supuso que mamá sabía más de lo que decía saber, así que la interrogó durante todo un día, siguiéndola a cualquier parte a donde se dirigía.

"¡Está bien!", gritó desesperada doña Clara cuando Hunab escondió las llaves del coche bajo amenaza de no devolverlas hasta que le contara todo lo que sabía.

"Mira, yo sé muy poco del tema, pero mañana vendrá tu abuelo a comer, ¿por qué no le preguntas a él?"

ENCUENTRA LAS 5 DIFERENCIAS EN LOS DIBUJOS DE ITZAMNÁ (DIOS DE LA SABIDURÍA).

Llegó el día señalado, y en cuanto Hunab vio llegar al abuelo corrió a interrogarlo antes de hacer cualquier cosa.

"Hola, abuelo, te estaba esperando porque vi un programa sobre las profecías mayas y el fin del mundo. Mi mamá no me quiere decir nada, ¿me podrías contar tú?". "Claro que sí, campeón, ¿qué quieres saber?". "Todo," respondió Hunab con brazos cruzados y mirada inquisidora.

¿DÓNDE ESTÁ HUNAB? ENCUÉNTRALO ENTRE LAS RUINAS MAYAS.

"Mira, Hu," comenzó el relato don Cayetano, poniendo cariñosamente la mano sobre el hombro de su nieto.

"Los mayas son una de las civilizaciones más impresionantes que han existido jamás. Se sabe que se establecieron hace más de 4,000 años en el sur de México, y gran parte de Centroamérica: Guatemala, Belice, El Salvador, Honduras y hasta Nicaragua. Sin embargo, se desconoce su origen."

COLOREA EN EL MAPA LAS ZONAS QUE OCUPARON LOS MAYAS. UTILIZA UN COLOR PARA CADA UNA.

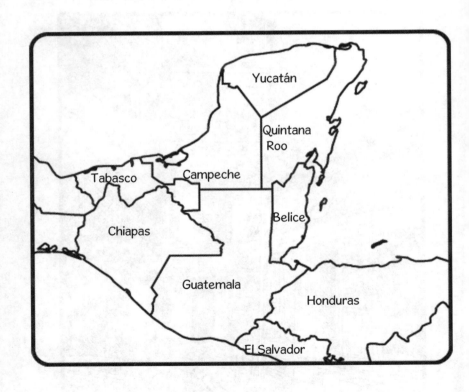

"Muchos investigadores piensan que son descendientes de los olmecas, otra gran civilización. Pero, ¿sabes qué es lo más interesante?". "¿Qué?," preguntó Hunab con ojos más grandes que en una caricatura japonesa.

"Los genetistas, o sea, las personas que se encargan de estudiar el origen de las personas según sus rasgos físicos, creen que están emparentados con los pobladores de las islas de El Caribe." "¿Las islas de El Caribe?," interrogó Hunab.

COLOREA LAS ISLAS DEL CARIBE Y LA RUTA QUE PROBABLEMENTE SIGUIERON LOS ANTEPASADOS DE LOS MAYAS PARA LLEGAR A MÉXICO.

"Sí, los pobladores originales de Cuba, Puerto Rico, República Dominicana, etcétera, lo cual significa que probablemente vinieron del mar. Recuerda que, en un principio, los hombres vivían de la caza de animales y de la recolección de frutos; después descubren la agricultura y pueden establecerse en una zona específica. Es entonces cuando los mayas empiezan a construir las primeras aldeas y centros ceremoniales. A este periodo se le conoce como Preclásico Maya."

AYUDA A HUNAB A ORDENAR CORRECTAMENTE LAS LETRAS DE LOS NOMBRES DE LAS SIGUIENTES CIUDADES MAYAS.

1. IKATL
   TIKAL

2. EQNELPUA

3. PAAKONBM

4. LTMUU

5. ONAPC

6. CEHITAZICNH

7. TENPE

8. MALAZUT

9. LAKLUMAC

10. YCANAXILH

"Aquí comienza lo más interesante, hijo, ¿sabes por qué? Porque a partir de ese momento los mayas se dan a la tarea de crear una visión del mundo inigualable: con dioses, héroes y demonios; magos hechiceros y guerreros que pelearon grandes batallas para defender al sol y así conservar el calor del planeta. Pero esto te lo contaré en otra ocasión, por hoy fue suficiente."

Por más que Hunab suplicó, no logró que su abuelo continuara. No obstante, se sintió aún más emocionado e interesado.

BUSCA EN LA SOPA DE LETRAS LAS PALABRAS MAYAS Y CONOCE SU SIGNIFICADO.

1. HUNAB: el centro del Universo
2. NA: mamá
3. NOAL: abuelo
4. HA: agua
5. HMEHEN: hijo
6. TSIRIS: niño
7. LOL: flor
8. KIKI: hombre bueno
9. IXIIM: maiz
10. ETAIL: amigo

```
A C E L G J H T D B
I K M V I K I K N L
O R H T K A B S P H
W F U Y Z X T V M V
C E N J H I G E D A
K D A Q S T H R P M
T W B V Y E Z X V L
N S D E N A C Z R A
Y B I X I I M X W O
H A U R S R V T P N
I K M O I Q N L J H
A C E K G S F D B L
```

LA CREACIÓN DEL HOMBRE Y DEL UNIVERSO

Pasaron los días y Hunab no logró quitarse de la cabeza la fecha del fin del mundo, la plática con su abuelo y la extraña sensación de pertenencia hacia la cultura maya. En la escuela, en vez de jugar con sus amigos de siempre (Elmer, Arath y Luis), pasaba el tiempo interrogando a miss Lulú, quien, al saber su inquietud, decidió dar una clase sobre el tema.

RESUELVE EL CRUCIGRAMA CON LO QUE APRENDISTE EN EL CUENTO.

HORIZONTALES
1. Palabra maya que significa agua
2. Cultura de la que, se piensa, descienden los mayas
3. Nombre de los 9 dioses del infierno
4. ¿Cómo era la escritura de los mayas?
5. Nombre de un pueblo maya de Guatemala

VERTICALES
1. Significa "centro del Universo"
2. Nombre de los dioses que gobiernan los 13 cielos
3. Significa "flor" en maya
4. Etapa en que los mayas empezaron a construir las primeras aldeas
5. Significa "niño" en maya

"Hoy vamos a platicar sobre una de las civilizaciones más espectaculares que habitaron antiguamente nuestro país, la civilización maya," dijo miss Lulú.

A Hu le brillaron los ojos y brincó de su banca gritando por todo el salón: "¡Oeee, oe, oe, oe, oeeee, oeeeee!". "Únicamente esperamos a que Hunab deje de creer que se encuentra en un estadio de futbol y tome su lugar." "Lo siento, miss," respondió Hu poniendo cara de niño sin cumpleaños, "no pude contener la emoción".

> BUSCA UN AMIGO PARA JUGAR AL TIMBIRICHE MAYA. CADA QUIEN ESCOGERÁ UN COLOR DIFERENTE PARA TRAZAR UNA LÍNEA POR TURNO. EL GANADOR SERÁ QUIEN FORME MÁS CUADROS DEL MISMO COLOR.

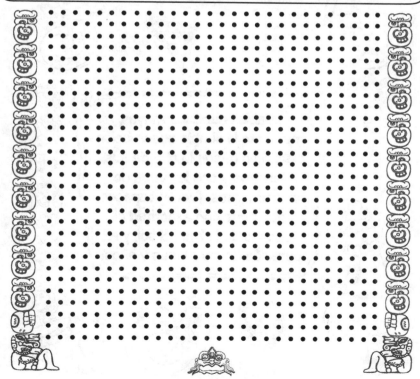

"Los mayas poseían un conocimiento perfecto de los movimientos estelares, un calendario exacto y una sorprendente habilidad para los trabajos literarios y artísticos. Pero cuando llegaron los conquistadores españoles destruyeron templos y documentos, y convirtieron a sus habitantes en esclavos. Los pueblos mayas más conocidos son los de Yucatán, y los quichés y cakchiqueles de Guatemala."

ESTAS FIGURILLAS PERTENECEN A LA CULTURA MAYA, ILUMINA DEL MISMO COLOR LAS QUE SEAN IGUALES.

¿Sabías que... los mayas, mediante la simple observación del cielo desde lo alto de sus templos y con la ayuda de instrumentos, fueron capaces de seguir con exactitud el camino de la luna, el sol, y la duración de los meses y años?

"Los mayas inventaron una escritura jeroglífica que ha sido parcialmente descifrada. Muchos de sus escritos se conservan en bibliotecas europeas; uno de ellos, llamado *Popol Vuh*, cuenta la siguiente historia:

Antes de que el mundo, como lo conocemos ahora, fuera creado, fue destruido y recreado tres veces; al final de la última creación, el Primer Padre, quien había sido asesinado por los señores de la muerte, decidió darle forma nuevamente."

¿Sabías que... la palabra jeroglífico proviene del griego, y significa "signo sagrado". Hieros, "sagrado" y glifo, "signo"?

BUSCA UN AMIGO PARA JUGAR AL GATO MAYA.

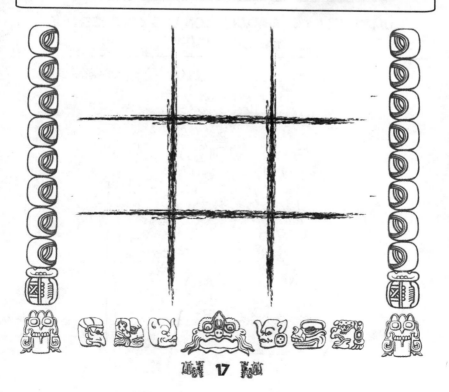

"Ese nuevo mundo fue el hogar de los antiguos mayas, quienes colocaron en el centro una gigantesca ceiba (árbol), la Ceiba Madre, que sería, desde entonces, el eje de todo lo existente. Para ellos, el Universo estaba compuesto por 13 cielos y 9 infiernos. Los dioses que gobernaban los 13 cielos eran conocidos como **oxlanhuntikú**, y los que reinaban los 9 infiernos eran llamados **bolontikú**. ¿Se imaginan a los dioses del infierno? Muy feos, ¿verdad?"

¿Sabías que... la ceiba es un árbol que crece en las selvas de América, y es considerado un símbolo sagrado en la cultura maya, pues, según ésta, fue creado por el Primer Padre para separar la Tierra de los cielos?

ILUMINA A LA CEIBA MADRE CON LOS COLORES QUE MÁS TE GUSTEN.

"En los 13 cielos habitaban los astros y animales del día, como venados, jaguares o guacamayas; pero también se dividían horizontalmente en cuatro rumbos, y a cada uno le correspondía un color: al norte, el blanco; al sur, el amarillo; al oeste, el negro; y al este, el rojo. En cada uno de estos puntos había un Bacab (ser celeste) que cargaba sobre sus espaldas una porción de cielo para sostenerlo durante toda la eternidad."

AQUÍ ESTÁ UN EJEMPLO DE CÓMO LOS MAYAS SE IMAGINABAN UN BACAB. DIBUJA EL TUYO Y COLORÉALO.

"La Tierra la imaginaban como una superficie plana que flotaba sobre el agua, o como un enorme cocodrilo sobre cuyo lomo crecía la vegetación. ¿¡Se imaginan eso!?," gritó sorprendida la maestra. "¡Un enorme cocodrilo! ¡Guauuuu!."
"Según los mayas" prosiguió miss Lulú, "al principio no había tierra, sólo existían el mar y el cielo; tampoco había plantas, animales u hombres; solamente había silencio".

COLOREA EL COCODRILO QUE SOSTENÍA AL MUNDO MAYA.

"Como había mucho silencio, los dioses decidieron hacer una fiesta, y en ésta... ¿Qué creen? Decidieron hacer la Tierra, separando el mar y abriendo la claridad en el cielo. Después crearon a los animales, pero se dieron cuenta de que eran incapaces de hablar y tener conocimiento. ¡Ah!, obviamente, ¿no? Así, realizaron un nuevo intento, creando al ser humano a base de barro, pero éste era débil, no tenía fuerza y se deshacía."

UNE LOS PUNTOS EN ORDEN ASCENDENTE Y DESCUBRE CÓMO ERA EL PRIMER HOMBRE QUE CREARON LOS DIOSES MAYAS.

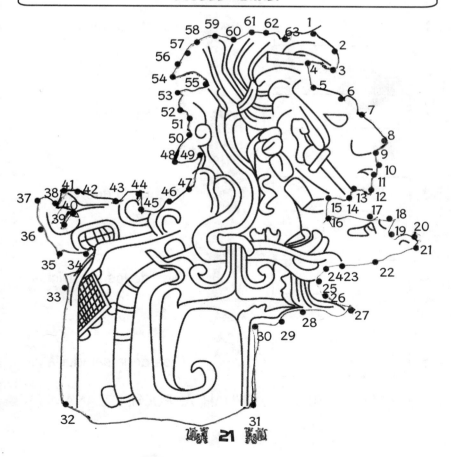

"Se molestaron mucho, ¿saben cuánto?, igual que sus papás cuando ustedes rompen algo; así se enojaron los dioses. Pongan todos cara de enojados," dijo miss Lulú y todos los niños de la clase le hicieron caso, incluyendo a Hunab, quien estaba más que fascinado. "Así es, tanto se enfadaron que terminaron destrozándolo, como ustedes cuando golpean el X-box porque no pueden ganar. Más tarde, decidieron intentarlo nuevamente utilizando madera."

> **COLOCA EN LOS CUADROS EL NOMBRE DEL DIOS MAYA QUE CORRESPONDA.**

1. [   ]   Dios de la lluvia

2. [   ]   Dios del maíz

3. [   ]   Dios de la guerra

4. [   ]   Dios de los sacrificios

5. [   ]   Dios de la sabiduría

CHAAK, YUMKAX, EKCHUAH, AHPUCH, ITZANAMI.

"Sin embargo...," miss Lulú hizo una misteriosa pausa.

"¿Quéeeeeeeeeee?," preguntaron los desesperados niños. "A pesar de ser más fuerte, la madera tampoco les gustó, porque las criaturas no tenían espíritu ni habla. Los dioses volvieron a dialogar y decidieron destruir nuevamente su obra, enviando un gran diluvio. Finalmente, acordaron crear al hombre a partir del maíz, y al fin "tuvieron éxito." "¡Eeeeee!," gritaron los niños alegremente.

ELIGE LAS PARTES QUE MÁS TE GUSTAN Y CREA TU PROPIO HOMBRE DE MAÍZ.

Sonó la chicharra y todos los niños gritaron de satisfacción, menos Hunab, quien se quedó en su banca muy pensativo. Cuando reaccionó, el salón estaba vacío.

Inesperadamente sintió una presencia detrás de él; al voltear, vio un ser moreno de cara alargada y deforme, adornado con collares de oro y aretes en el rostro. En una mano, sujetaba un cuchillo de obsidiana, mientras que la otra permanecía levantada sosteniendo un corazón sangrante.

¿Sabías que... la obsidiana es una especie de roca volcánica que las culturas mesoamericanas usaron para crear herramientas y armas?

AYUDA A HUNAB A ESCAPAR DEL EXTRAÑO SER.

¿EN QUÉ CREÍAN LOS ANTIGUOS MAYAS?

Hunab despertó súbitamente con sudor en la frente y temblor en las manos. "Sí, un sueño, eso fue. Pero, ¿qué significa?," se preguntó angustiado.

Afuera del salón lo estaban esperando Luis, Elmer y Arath para jugar futbol.

"¿Qué pasa, Hu, te sientes mal?," preguntó Luis.

"Sí, te ves muy pálido," afirmó Arath, tocándole la frente. "Ya déjense de tonterías y vámonos, o llegaremos tarde al entrenamiento," ordenó Elmer un poco molesto.

ENCIERRA EN UN CÍRCULO LA SILUETA QUE CORRESPONDA A LA PIRÁMIDE MAYA DE TIKAL EN GUATEMALA.

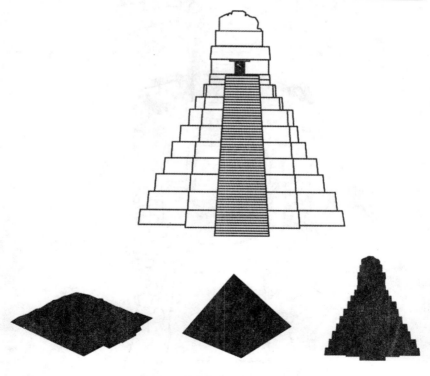

"Creo que no voy a ir, amigos, me siento un poco mareado, mejor hablaré a casa para que vengan por mí; nos vemos mañana," dijo Hunab y se fue caminando mientras sus camaradas se quedaron muy pensativos observando cómo se marchaba.

"A mí se me hace que está enamorado," dijo Arath sonriendo, mientras se marchaban hacia el campo de futbol.

ILUMINA EL SIGUIENTE DIBUJO CON LOS COLORES QUE MÁS TE GUSTEN.

Sin embargo, Hunab tenía otros planes y, en vez de llamar a su casa como le había dicho a sus compañeros, se dirigió hacia la bilbioteca de la escuela.

"Buenas tardes, don Félix, ¿me puede prestar algunos libros sobre la cultura Maya?," preguntó Hu al encargado de la biblioteca. Cuatro libros muy gordos fue lo que recibió Hu, poniendo cara de ostra al momento de recibirlos. Tomó asiento en una de las mesas y abrió el primer libro: *La religión de los mayas.*

APRENDE A DIBUJAR A YUM YAK, DIOS DEL MAÍZ, SIGUIENDO LA CUADRÍCULA.

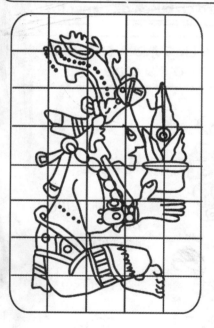
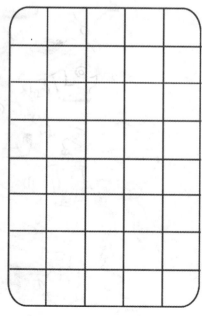

Hu comenzó a leer: "La religión de los mayas guarda profundos misterios. En tiempos antiguos, cuando aún eran nómadas y no habían construido grandes ciudades, creían que los astros y los fenómenos naturales eran dioses; más tarde, cuando aprendieron a leer los secretos del cielo y se convirtieron en extraordinarios astrónomos, su religión tuvo muchas deidades, las cuales llegaron a ser por lo menos 166". "¡Guauu!," exclamó Hu, cada vez más entusiasmado.

¿Sabías que... un pueblo nómada es aquel que no tiene un territorio fijo, sino que se desplaza con frecuencia de un lugar a otro en busca de alimento?

COLOREA AL DIOS MAYA DE LA GUERRA EK CHUAH, SIGUIENDO EL CÓDIGO INDICADO.

1. ROJO

2. AMARILLO

3. VERDE

4. NEGRO

5. ROSA

6. AZUL

"La religión era tan importante que tenía que ver con cada una de sus actividades: con la literatura y la pintura, con las matemáticas y la astronomía; con la medicina y la agricultura, e incluso con la forma en que construyeron sus magníficas ciudades. Ellos creían que todo el Universo era sagrado, pues sus dioses residían en cada uno de los seres vivos de este planeta, y para mantenerlos contentos realizaban extraordinarios rituales y ceremonias."

¿Sabías que... un ritual es una serie de actos que tienen como objetivo la veneración de un ser supremo?

ENCUENTRA E ILUMINA LA SILUETA DEL DIOS DE LA MUERTE AH-PUCH.

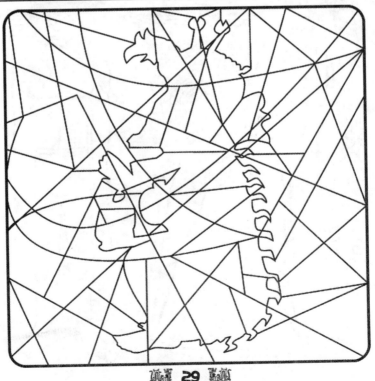

"Las figuras principales de las ceremonias eran los sacerdotes, quienes conocían a la perfección los calendarios sagrados y sabían interpretar la voluntad de los dioses. Los ritos y las ceremonias se llevaban a cabo al final de cada periodo de su calendario y eran celebrados en grandes explanadas al pie de las representaciones de los dioses. Por su tamaño tan pequeño, es probable que los templos fuesen reservados para aquellos ritos en los que sólo participaban los sacerdotes."

ILUMINA Y RECORTA LOS ATUENDOS PARA VESTIR CORRECTAMENTE AL SACERDOTE MAYA.

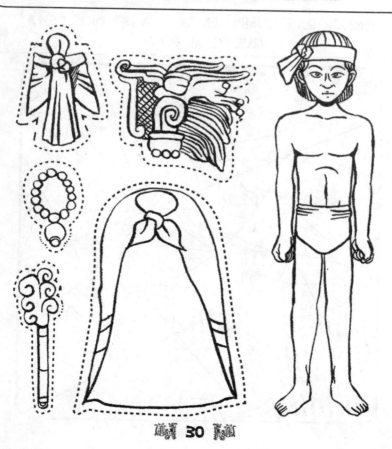

"Con frecuencia, los ritos estaban precedidos por ayunos y abstinencias. Comprendían oraciones, ofrendas de frutas, legumbres, comidas preparadas, animales vivos o sacrificados durante la ceremonia." "¡Eso es!," gritó desesperadamente Hu. "¡Sacrificios!" y siguió leyendo, pensando en que estaba cerca de la respuesta.

"Eran usuales las automutilaciones mediante los cuales uno mismo se sacaba un poco de sangre de alguna parte del cuerpo: mejilla, oreja, labio, lengua, etcétera."

¿Sabías que... una ofrenda es algún objeto que se lleva a los rituales como regalos a los dioses?

ENCUENTRA LOS OBJETOS QUE LOS MAYAS UTILIZABAN PARA LOS SACRIFICIOS Y DIBÚJALOS EN LA OFRENDA.

"El sacrificio humano también se practicaba, clavando flechas, cortando cabezas, rodándolas por las escalinatas de las pirámides o arrancándoles el corazón." "¡Aquí está! ¡un corazón arrancado! Pero, ¿de quién es el corazón?, ¿por qué lo mataron?, ¿quién realizó el ritual?," conforme iba leyendo, Hu estaba cada vez más intrigado, y tenía nuevas preguntas en lugar de encontrar respuestas. Y aunque era sumamente emocionante, también estaba visiblemente aterrado.

AYUDA A HUNAB A ENCONTRAR LOS SIGUIENTES OBJETOS.

Flecha

Corazón

Cabeza maya

Cuchillo de obsidiana

Huarache

"Según los antiguos mayas, la misión del hombre era alimentar y servir a los dioses. Del mismo modo en que los hombres comen maíz, los dioses también necesitan alimento para asegurar el funcionamiento del Universo, el paso de las estaciones, el crecimiento del maíz y la vida de los seres humanos. Pero los dioses no consumen cualquier cosa, debía ser un alimento muy especial, energía cósmica, la cual sólo se encontraba en el corazón y la sangre de los sacrificados."

COMPLETA Y DIBUJA LA SIGUIENTE HISTORIA:

CUANDO EL SACERDOTE SUBIÓ A LA PIRÁMIDE, EL SOL SE OBSCURECIÓ REPENTINAMENTE Y...

_____

_____

_____

_____

TODOS LOS PRESENTES QUEDARON PERPLEJOS POR LO OCURRIDO ESA TARDE EN EL TEMPLO.

"La extracción de corazón, dicen los expertos, sólo sucedía cuando se nombraba un nuevo rey. Los jóvenes guerreros de tribus enemigas eran la presa más codiciada para los sacrificios, y los encargados de llevarlos a cabo eran los sacerdotes, quienes portaban un incienso llamado copal, pintura negra y cuchillos sacrificantes, según cuentan las crónicas que tenemos de los conquistadores españoles." "¡Como el hombre de mi sueño!," pensó nuestro héroe.

COLOREA LAS ÁREAS QUE TIENEN UN PUNTO Y DESCUBRIRÁS AL HOMBRE QUE PERSIGUE A HUNAB.

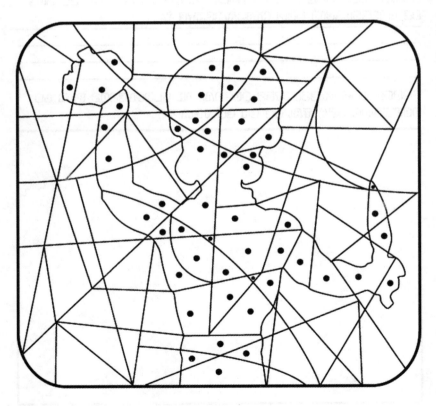

GOBERNANTES, SACERDOTES Y GENTE COMÚN

Hunab llegó a casa más meditabundo que de costumbre. Al verlo en ese estado, su mami lo interrogó: "¿Qué pasa, Hu?, ¿tienes algún problema?".

"Tuve un sueño muy extraño", respondió Hu, contándole su sueño. "Me gustaría ir con mi abuelo para platicar con él. ¿Puedo quedarme a dormir en su casa esta noche para contarle mi sueño, mamá?" "No lo sé, tal vez esté ocupado, ¿por qué no le llamas y le preguntas si te puede recibir?," dijo doña Clara, al tiempo que acariciaba el cabello de Hu.

COLOREA EL SIGUIENTE DIBUJO DE LA ZONA MAYA EN PALENQUE, CHIAPAS.

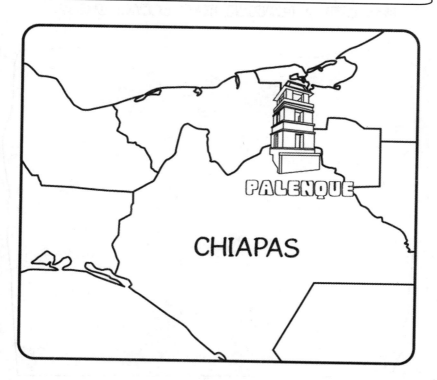

Hunab habló con su abuelo y éste aceptó tenerlo como huesped esa noche. El abuelo, una buena persona en toda la extensión de la palabra, recibió a Hu como era su costumbre: con helado de chocolate y galletas de vainilla.

Ambos se sentaron en la sala y comenzaron a platicar.

"¿Por qué sabes tanto de los mayas, abuelo?, mejor dicho, ¿por qué sabes tanto de todo?," interrogó Hu.

CON LAS SIGUIENTES PALABRAS, ESCRIBE TU PROPIA HISTORIA:

HUNAB. MAMÁ. ABUELO. JACUAR. TEMPLO. PIRÁMIDE. SACERDOTE. SELVA. MUNDO. COSMOS. DIOS. SACRIFICIO. JUCAR. PLATICAR. VER. SENTIR. VIVIR. SACRIFICAR. CORAZÓN. CABEZA. ESCULTURA. LIMPIAR. REÍR. SOÑAR. VIAJAR.

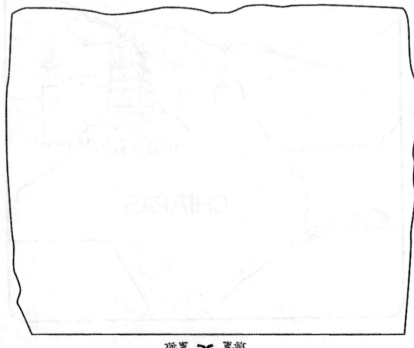

"Porque estudié Antropología, que es el estudio del ser humano a través de sus diferentes sociedades; después hice una especialidad en la cultura maya," respondió el abuelo, con una sonrisa en la mirada. Hunab siempre había sentido una admiración muy especial por su abuelo, porque además de ser su mejor amigo, siempre resolvía todas sus dudas acerca de cualquier cosa; así que le contó su sueño y lo que había investigado en la biblioteca.

¿QUÉ FIGURA APARECE EN EL DIBUJO? COMPLÉTALO Y COLORÉALO PARA AVERIGUARLO.

"Es normal, Hu," continuó explicando el abuelo, "los sueños son una extensión de la realidad. Cuando algo te inquieta en la vida diaria se refleja en tus sueños, y por lo que veo, este tema te apasiona mucho, así que seguiré contándote lo que sé, y juntos trataremos de resolver el misterio.

La civilización maya tenía varias clases sociales que cooperaban entre sí para mantener su modo de vida. Cada una de ellas tenía una función distinta que era fielmente cumplida por todos."

HUNAB QUIERE QUE LE CUENTES TU SUEÑO. DIBUJA EL SUEÑO QUE MEJOR RECUERDES.

"A los gobernantes, en conjunto, se les llamaba **almehenoob**; formaban parte de la nobleza y se creía que habían sido elegidos por los dioses para mandar sobre todos los demás. En primer lugar, estaban los máximos jefes de gobierno, llamados **halach uinicoob** (hombres verdaderos), quienes se encargaban de tomar las mejores decisiones para su pueblo; del mismo modo en que actualmente lo hacen los presidentes, ellos nombraban a los dirigentes de aldeas cercanas."

SI FUERAS EL GOBERNANTE DE UNA CIUDAD MAYA, ¿CÓMO LA GOBERNARÍAS? PON EL NÚMERO EN EL CUADRO SEGÚN CONSIDERES LA IMPORTANCIA DEL PERSONAJE. 1 ES EL MÁS IMPORTANTE, 5 EL MENOS.

Arquitecto

Artesano

Escultor

Pintor

Escribano

"Les seguían, en orden de importancia, los sacerdotes, entre quienes había varias categorías: los **ahau can** (señores serpientes); los **chilames** (adivinos); los **ah kinoob** (señores del sol), y los **ahmenes**. Después estaban los jefes guerreros, llamados **nacomes**; y enseguida los comerciantes (ah polom). Incluso, las excavaciones arqueológicas demuestran que las casas cercanas a los templos estaban ocupadas por los sacerdotes, y en las más alejadas vivía el pueblo."

ÉSTA ES UNA CIUDAD MAYA; AYUDA A LOS PERSONAJES A ENCONTRAR SU HERRAMIENTA PARA CUMPLIR CON SU FUNCIÓN DENTRO DE LA SOCIEDAD. UNE CON UNA LÍNEA EL PERSONAJE CON SU HERRAMIENTA.

Gobernante   Artesano   Sacerdote   Campesino   Comerciante

"Otro grupo era el de los arquitectos, quienes estaban por encima de los artesanos, aunque los soldados también eran importantes en épocas de guerra. Debajo estaba el pueblo, gente común llamada **yalba uinicoob** (hombres pequeños). Este sector era el más numeroso y comprendía campesinos, pescadores, leñadores, albañiles, artesanos y carpinteros. Ellos eran quienes producían el alimento, construían caminos, edificios y templos para la nobleza."

RELACIONA CON UNA LÍNEA Y COLOREA COMO IMAGINES QUE ERAN LOS PERSONAJES DE LA SOCIEDAD MAYA.

ARQUITECTOS

NACOMES O JEFES GUERREROS

PPENTACOOB O ESCLAVOS

AH POLOM O COMERCIANTES

ARTESANOS

HALACH UINICOOB O JEFE SUPREMO

UINICOOB O PUEBLO

AHAU CAN O SACERDOTES

"Y en el último peldaño estaban los **ppentacoob** o esclavos, generalmente, prisioneros de guerra, aunque también había esclavos por nacimiento, por haber practicado el robo, quedado huérfanos o por compraventa.

Así estaba conformada la sociedad maya, Hu. ¿Tienes alguna duda?," preguntó el abuelo, pero Hu no respondió, pues estaba profundamente dormido. Su abuelo lo cargó y lo llevó a la cama, arropándolo muy bien y deseándole buenas noches.

RECORTA Y PEGA CADA DIBUJO EN EL LUGAR DE LA PIRÁMIDE QUE CORRESPONDA SEGÚN EL ORDEN SOCIAL MAYA. RECUERDA: EL HALACH UINICOOB DEBE IR HASTA ARRIBA Y LOS ESCLAVOS HASTA ABAJO.

Hunab estaba sentado en lo más alto de una pirámide mirando el cielo. Era una noche clara, sin luces, lo cual permitía observar perfectamente la bóveda celeste. Al lado de él se encontraba su abuelo señalando la más brillante del firmamento. "Esa luz brillante es Venus, una estrella muy importante en varias culturas," dijo el abuelo. "Y más allá está...," pero el abuelo no terminó la frase, pues el extraño personaje del sueño pasado hizo su aparición nuevamente.

IDENTIFICA CADA PLANETA Y COLORÉALO. CUANDO LLEGUES A VENUS, DIBUJA EL ROSTRO DE HUNAB EN ÉL.

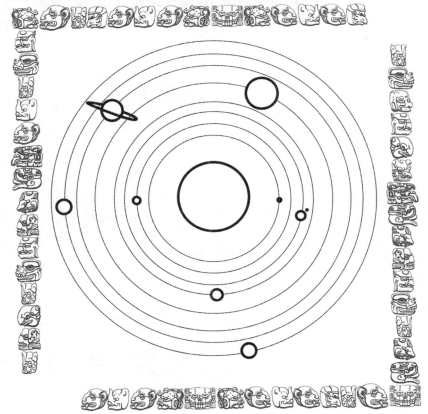

ASTRONOMÍA, CALENDARIO Y EXTRAÑOS SUEÑOS

Una vez más el misterioso ser de cabeza deforme apareció de la nada atacando al abuelo y arrastrándolo por las escalerillas de la pirámide. Cuando Hu reaccionó ya era demasiado tarde: el abuelo y el secuestrador habían desaparecido entre la selva.

Hu no sabía qué hacer; si gritaba, nadie escucharía; si perseguía al extraño ser, no lo alcanzaría; si se quedaba sin hacer nada, moriría de frustación. Así que, hizo lo único que podía, despertar de su sueño.

¿CUÁL ES EL CAMINO QUE HUNAB DEBE TOMAR PARA RESCATAR A SU ABUELO?

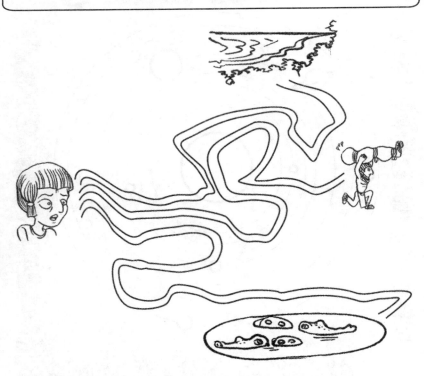

Hunab despertó nuevamente sobresaltado y con sudor en la frente. Corrió desesperadamente a la recámara del abuelo sólo para encontrar las cobijas tiradas, la ventana abierta y una nota sobre la cama que decía: "Esperen mi llamada", y abajo unos extraños símbolos.

En menos de 15 minutos llegó su mamá con casi todo el cuartel de policía. Hunab estaba bien, pero no vio ni escuchó nada, así que pudo colaborar muy poco con la policía, pues lo que sabía, nadie lo creería.

LA POLICÍA LLEGÓ A CASA DEL ABUELO DE HUNAB, PERO NO LOGRARON HALLAR PISTAS DEL SECUESTRADOR. AYÚDALOS A ENCONTRARLAS: CUCHILLO, CORAZÓN, COLLAR, TOCADO MAYA Y HUARACHE.

"Seguramente el secuestrador llamará pronto, señora," afirmó el comandante de policía, "debemos esperar". Mientras, seguiremos interrogando a los vecinos, probablemente alguien haya visto algo. Estaremos con ustedes para rastrear la llamada cuando la realicen.

Hunab y su madre estaban muy asustados; doña Clara un poco más que Hunab, pues el niño sospechaba quién era el secuestrador, pero no podía decirlo hasta realizar su propia investigación.

LA POLICÍA ESTÁ INTERROGANDO A LOS VECINOS PERO SU HISTORIA ESTÁ EN DESORDEN. AYÚDALOS A ORDENARLA PONIENDO NÚMERO A CADA HISTORIA.

VI UNA SOMBRA QUE SE ESCABULLÓ POR EL JARDÍN Y CORRIÓ HACIA LA CALLE.

VI CUANDO LA POLICÍA LLEGÓ.

VI CUANDO UN EXTRAÑO ENTRABA POR LA VENTANA DE LA RECÁMARA DE DON CAYETANO.

ESCUCHÉ RUIDOS EN LA CASA DE DON CAYETANO, COMO SI ESTUVIERAN PELEANDO.

YO NO VI NADA.

El lunes por la mañana Hunab acudió a la escuela muy perturbado. Todo el día estuvo distraído y malhumorado, y ni siquiera quiso salir a jugar futbol con sus amigos en el recreo. Miss Lulú, preocupada, observó su conducta y se acercó para platicar.

"Hola Hu, ¿ya tienen noticias de tu abuelo?". "No, miss, pero creo saber quién fue. ¿Me ayudaría a encontrarlo?," preguntó Hu con la mirada más sincera que había visto miss Lulú en mucho tiempo.

LOS AMIGOS DE HUNAB NO SE PONEN DE ACUERDO ACERCA DE CÓMO SERÁ EL UNIFORME DE SU EQUIPO DE FUTBOL. SUGIÉRELES UN ESCUDO CON MOTIVOS MAYAS Y COLORÉALO.

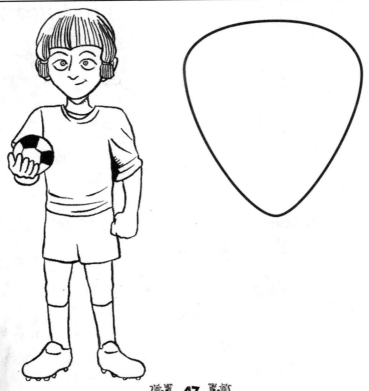

Cualquier otra persona hubiera tachado a Hunab de loco, creyendo que eran invenciones infantiles, pero no miss Lulú, porque, a fin de cuentas, toda su vida había trabajado con niños, y sabía perfectamente que Hunab era un excelente joven que nunca inventaría algo así. "Claro que sí, Hu, ¿cómo te puedo ayudar?". "Quiero que me siga contando sobre los mayas, creo que tiene que ver con las estrellas y el cielo, allí debe estar la clave," respondió Hunab muy seriamente.

> HAY MILLONES DE ESTRELLAS EN EL UNIVERSO, PERO JUNTAS FORMAN CONSTELACIONES. LOS MAYAS CONOCÍAN 13. UNE LOS PUNTOS Y DESCUBRE ALGUNAS DE ELLAS.

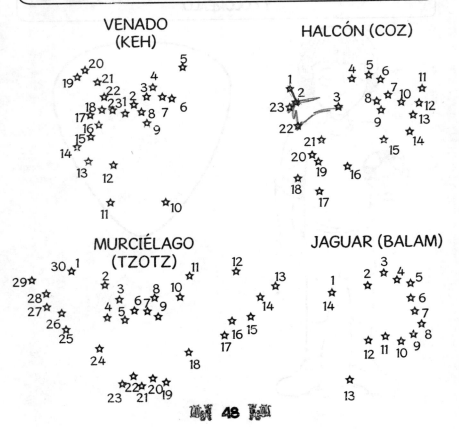

VENADO (KEH)

HALCÓN (COZ)

MURCIÉLAGO (TZOTZ)

JAGUAR (BALAM)

"Bueno, Hu, los mayas eran grandes astrónomos, y su conocimiento estaba ampliamente ligado con las matemáticas, la escritura y, muy particularmente, su calendario. Mediante la simple observación de los cielos, desde lo alto de sus templos, y con la ayuda de varas cruzadas en forma de equis para mirar un punto del horizonte, trazaron con gran exactitud el camino de la luna y el sol; además, calcularon la duración de los meses y los años."

ILUMINA EL SIGUIENTE PAISAJE EN EL CUAL LOS MAYAS TRAZAN LA DURACIÓN DEL DÍA.

"Sabemos que los mayas tenían un año de 365 días, con meses de 29 y 30 días. También se sabe que se interesaron por numerosas constelaciones y estrellas como la Polar (Xaman Ek), guía de viajeros y comerciantes; las pléyades, a las que llamaban **Tzab** (cola de serpiente), y la constelación Géminis, a la cual denominaban **Akk** (tortuga). Pero, en particular, siguieron los movimientos de Venus, planeta al que le asignaban una gran importancia en la determinación de guerras y sacrificios."

¿SABÍAS QUE PLÉYADES SIGNIFICA "PALOMA" EN GRIEGO, Y QUE ES UN GRUPO DE ESTRELLAS SITUADAS AL LADO DE LA CONSTELACIÓN DE TAURO? COLOCA EL NOMBRE CORRECTO EN CADA DIBUJO Y COLORÉALO.

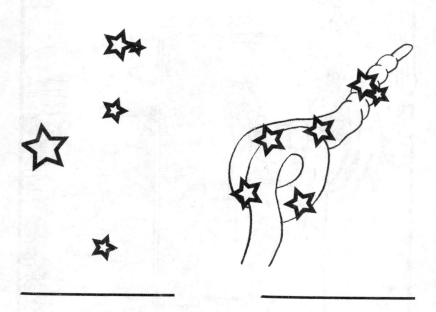

"¡Venus!," gritó Hu muy emocionado. "Continúe, por favor, maestra." "La astronomía no sólo determinó parte de su cosmovisión y muchas de sus creencias religiosas," prosiguió miss Lulú, "sino también su arquitectura, pues muchos de sus edificios fueron construidos de acuerdo con la alineación de algunas estrellas; por ejemplo, la serpiente de luz que sube al Castillo de Chichén Itzá por la escalera de la pirámide".

DIBUJA EN EL CASTILLO DE CHICHÉN ITZÁ CÓMO LA SERPIENTE VA SUBIENDO A TRAVÉS DE LAS ESCALINATAS.

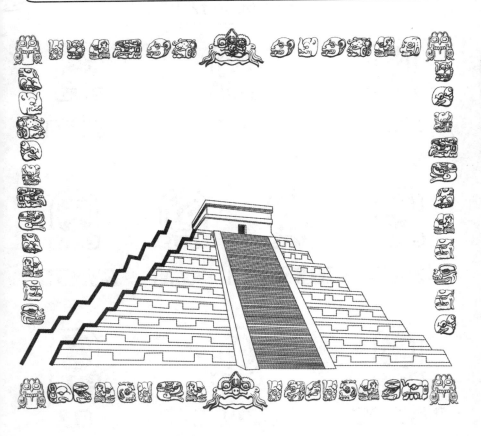

"Como parte de su vida diaria, la previsión del futuro era tarea común para los astrónomos y sacerdotes, quienes crearon un calendario místico llamado **Tzolkín.**

Éste funcionaba como un horóscopo que aconsejaba a cada hombre hacia dónde tenía que dirigir su vida en determinado día. Este calendario comprendía un periodo de 260 días, resultado de la combinación de 13 números y 20 días. En la perspectiva maya, presente, pasado y futuro eran una misma dimensión."

CONOCE Y COLOREA 10 DE LOS SÍMBOLOS DE LOS DÍAS DEL CALENDARIO TZOLKIN.

IMIX   IK°   AK°B°AL

K°AN   CHIKCHAN   KIMI   MANIK

LAMAT

MULUK

OK

"Para hacer sus cálculos más precisos y de carácter ritual, los mayas mezclaron ambos calendarios, el Haab y el Tzolkín, y crearon La Cuenta Larga, fecha que establece el día exacto en que dio comienzo la cuenta del tiempo: el día cero, que según los científicos fue el 3113 antes de nuestra era. Pero no sólo el comienzo, sino también dieron la fecha exacta del fin del mundo, el 21 de diciembre del 2012. Aunque lo correcto sería decir el fin de una era, no del mundo."

ÉSTOS SON LOS RESTANTES 10 DÍAS DEL CALENDARIO TZOLKÍN. CONÓCELOS Y COLORÉALOS.

CHUWEN   'EB   B'EN

IX   MEN   KIB'   KAB'AN

ETZ'NAB'L   KAW   AJAW

MATEMÁTICAS MAYAS: BOLITAS Y PALITOS

"¿Entonces no es el fin del mundo, miss?," preguntó intrigado Hunab. "No, Hu, los mayas tenían una noción cíclica del tiempo; ellos no concebían el tiempo como una línea recta, lo imaginaban como una espiral en la cual los acontecimientos se repiten y los periodos se suceden.

En este caso, no pensaban en el fin del mundo como tal, sino en el fin de un orden, el fin de una era para que surja una nueva. ¿Cómo será la nueva era? No lo sabemos."

> CREA TU PROPIO CALENDARIO CON LAS 20 FECHAS MÁS IMPORTANTES EN TU VIDA, COMO CUMPLEAÑOS, DÍAS DIVERTIDOS, ETC. DIBUJA UN SÍMBOLO PARA CADA DÍA Y PONLE UN NOMBRE.

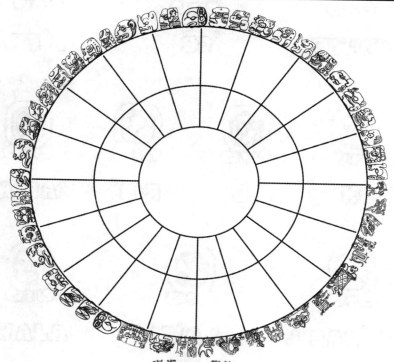

"¿Dónde puedo investigar más acerca de los mayas, miss Lulú?," interrogó Hu muy preocupado. "Si gustas, te puedo acompañar al Museo de Antropología: la Sala Maya es muy hermosa e interesante," respondió miss Lulú.

"¿Cómo se relaciona Venus, los sacrificios humanos, el fin del mundo, los extraños símbolos, y el secuestro de mi abuelo? ¡Piensa Hu, piensa!," se repetía a sí mismo nuestro héroe a cada momento, camino al Museo de Antropología.

ENCUENTRA A NUESTROS PERSONAJES DEL CUENTO DENTRO DEL CÓDICE E ILUMÍNALOS.

Hunab nunca había estado en el Museo de Antropología, y se lamentó por ello, pues era uno de los lugares más fascinantes que había visitado. En la sala maya observó monumentales esculturas, grandes estelas de piedra y bellas figurillas que, en conjunto, reflejaban multiplicidad de formas artísticas unidas por una cosmovisión en común. Inmediatamente se presentó un guía para explicarles el recorrido. "Hola, amiguito, ¿te interesan los mayas?, ¿en qué te puedo ayudar?"

¿Sabías que... una estela es un monumento que conmemora algún acontecimiento importante y se levanta sobre el suelo. En ellas se escribían textos, símbolos y figuras que describían por qué estaban allí?

RECORTA LA LOTERÍA MAYA Y JUEGA CON TUS AMIGOS.

Hunab manifestó su inquietud por la cultura maya y el guía accedió amablemente a hablar acerca del tema.
"Los mayas fueron los matemáticos más importantes entre las culturas de Mesoamérica; a ellos se les atribuye la invención del cero, y hoy sabemos que con su sistema de numeración calcularon la duración del año con impecable exactitud, además de predecir eclipses lunares y solares con varios siglos de anticipación."

JUEGA BASTA MAYA CON TUS AMIGOS. ALGUIEN DICE EN VOZ ALTA LA LETRA "A" Y SIGUE PENSANDO RÁPIDAMENTE EN LAS SIGUIENTES LETRAS DEL ABECEDARIO SIN DECIRLAS. OTRA PERSONA DEBE DECIR: "BASTA", Y SE DICE LA LETRA EN LA QUE SE QUEDÓ. INMEDIATAMENTE TODOS DEBEN ESCRIBIR LAS PALABRAS QUE SE INDICAN CON LA LETRA ELEGIDA. EL PRIMERO QUE TERMINE DICE: "BASTA" Y LOS DEMÁS DEBEN DEJAR DE ESCRIBIR. SE DAN 10 PUNTOS POR PALABRA CORRECTA. GANA QUIEN TENGA MÁS PUNTOS.

CIUDAD MAYA	PALABRA MAYA	DÍA DEL CALENDARIO MAYA	DIOS MAYA	PUNTUACIÓN

"Para entender cómo se forman los números en el sistema maya, debemos tener en cuenta que una bolita, o punto es igual a 1; un palito o barra, es igual a 5; y que el cero se forma con el dibujo de una concha de mar. Al juntar los puntos, conseguimos formar los números 2, 3 y 4 y, cuando llegamos al 5, en lugar de poner cinco bolitas, lo que hacemos es sustituirlas por una barra; luego agregamos una bolita extra sobre la barra para hacer los números 6, 7, 8 y 9."

ILUMINA DE DIFERENTE COLOR CADA NÚMERO MAYA Y MEMORÍZALOS.

"Para formar el 10 repetimos la acción de sustituir los puntos por otra barra. Así pasa con los siguientes números: se agregan bolitas, y cuando se van a juntar otras cinco, se cambian por una nueva barra.

El sistema de numeración que usamos hoy en día crece de diez en diez unidades (por eso se llama decimal), pero los mayas contaban de veinte en veinte, quizá porque se ayudaban para contar con los dedos de las manos y luego con los de los pies, ¡qué inteligentes!"

COLOREA CADA NÚMERO Y ESCRÍBELO EN NUMERACIÓN MAYA.

0

2

10

15

6

8

"Cuando llegaban al 20, empezaban a contar otra vez, sabiendo que ya habían completado una veintena y que debían seguir con números cada vez más grandes. Para representar el 20 y los números que le seguían, los mayas utilizaban una tabla cuadriculada, semejante a un tablero de ajedrez; en ella, colocaban los puntos y las barras, y así sabían cuándo se completaba una veintena, ya que colocaban un punto en una segunda posición y un cero en la primera."

AQUÍ TE PRESENTAMOS UN EJEMPLO. COLORÉALO Y RAZONA LOS SIGUIENTES NÚMEROS MAYAS.

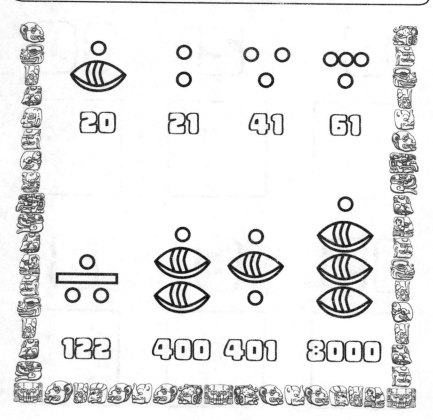

"La diferencia con nuestra escritura es que nuestros números crecen hacia la izquierda del punto decimal, y los números de los mayas crecían hacia arriba, en la cuadrícula de la tabla," terminó de hablar el guía, volteando a ver a Hunab, para observar si le seguía prestando atención.

Al ver los signos que le mostraba el guía, Hunab quedó boquiabierto, pues eran los mismos que había en la nota que dejó el raptor de su abuelo.

COLOREA LOS NÚMEROS MAYAS Y ESCRIBE DEBAJO DE CADA UNO QUÉ NÚMERO ES.

Hunab era tan listo que copió los símbolos, es más, los llevaba consigo, así que se los mostró al guía preguntándole qué número era. "Dímelo tú, Hunab, la numeración maya es muy fácil de entender," contestó el guía. Hunab se quedó pensando un rato y después respondió: "veintiuno, doce, dos mil doce", dijo Hu impresionado. "La fecha del fin del mundo, perdón miss, la fecha del fin de nuestra era." "Así está mejor," afirmó miss Lulú.

ENCUENTRA EN LA SOPA DE NÚMEROS MAYAS LOS SIGUIENTES SIGNOS DE LA FECHA DEL FIN DEL MUNDO: 21, 12, 2012.

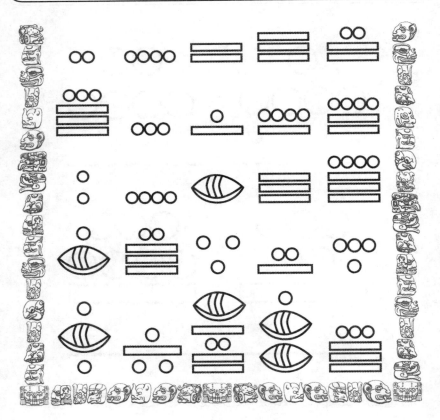

ARTES Y SOMBRAS

"Bueno Hu, ¿quieres seguir el recorrido?," preguntó un poco cansado el guía. "Por supuesto," respondió rápidamente Hu, "ya estoy aquí, aprovecharé todos los conocimientos posibles", pensó nuestro héroe.

"Podemos seguir con las artes; en específico, con la escultura. Los mayas fueron notables escultores. Con materiales como la piedra y el estuco, crearon relieves y bajorrelieves que usaban como adornos de sus principales edificios."

¿Sabías que... un relieve es una figura que resalta sobre una superficie plana? Éste es un relieve del rey Kan Xul encontrado el gran palacio de Palenque.
Ilumínalo con tus colores favoritos.

"Casi todas estas obras representaban a dioses relacionados con la salida y la puesta de sol; o bien, con los gobernantes mayas y sus linajes. Los mayas también moldeaban esculturas de estuco o piedra en las fachadas de sus edificaciones, en pilares, columnas o dinteles.

Mención aparte merecen las estelas, los altares y las lápidas, las cuales eran labradas en piedras individuales, que eran colocadas después en algunos edificios."

ÉSTA ES UNA ESTELA QUE REPRESENTA UNO DE LOS 4 BACABS QUE SOSTIENEN LAS 4 ESQUINAS DEL CIELO. ENCUENTRA LAS 5 DIFERENCIAS.

"Muchas de estas piezas eran auténticos documentos que narraban la historia de los personajes que representaban, como si los mayas trazaran palabras en la roca. De esta manera, su escultura estuvo íntimamente ligada con la escritura.

Lo que esculpían con más frecuencia era la figura humana, pero también les gustaba modelar dioses, plantas, animales fantásticos y seres sobrenaturales, como la famosa serpiente emplumada, los monstruos terrestres y las aves fantásticas."

ÉSTA ES LA ESCULTURA DE UN JUGADOR DE PELOTA MAYA, ILUMÍNALA CON COLORES ALEGRES.

Juega y descubre la cultura maya

"En los murales, los artistas mayas intentaban reproducir las formas del mundo que los rodeaba. Por eso retrataban en las paredes a las personas, adornándolas de acuerdo con la labor que realizaban dentro de su sociedad.

También pintaban con un enorme colorido dioses, animales fantásticos y seres sobrenaturales que acompañaban, en los muros, a los seres humanos, y ponían al lado palabras escritas con los famosos glifos de la lengua maya."

¿Sabías que... un mural es una imagen o pintura que usa como soporte un muro o pared? Esto es parte de un mural de Bonampak, Chiapas. Usa como referencia la cuadrícula y dibújalo.

 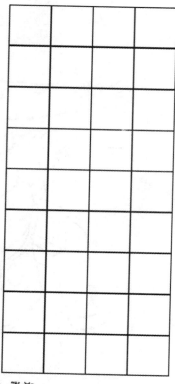

"Las pinturas murales siempre poseían muy alta calidad; por eso se cree que los artistas mayas recibían una educación especial, tanto técnica como ritual, para poder llevar a cabo su trabajo. Se piensa también que compartían algunos de los conocimientos que normalmente sólo tenían los gobernantes, los nobles y los sacerdotes, como la manera en que se desarrollaban algunas fiestas y ceremonias, las creencias que conformaban la religión maya y, por supuesto, la escritura."

DIBUJA UN MURAL DE ALGÚN MOMENTO MUY ESPECIAL EN TU VIDA Y EXPLÍCALO.

"En cuanto a su literatura, se dice que los antiguos dioses mayas escribieron en los senderos de los astros el destino de los hombres. Así aprendieron a leer en los cielos y a escribir en la Tierra las palabras sagradas de sus ancestros; lo mismo en amate que en madera, piedra, cerámica o estuco, materiales que conservaron el pensamiento místico de su pueblo. Por su parte, la literatura era poesía pura dedicada a los dioses."

¿Sabías que... el amate es un árbol que abunda en las regiones cálidas de México, y los mayas usaban su corteza para fabricar papel?

ASÍ COMO LOS ESCRITORES MAYAS INVENTARON BELLAS POESÍAS, TÚ TAMBIÉN PUEDES HACERLO: ESCRIBE UNA POESÍA O PENSAMIENTO DEDICADO A LA CULTURA MAYA.

"Los únicos que conocían la escritura eran los sacerdotes, a ellos les eran revelados los profundos conocimientos y leyes que imperaban en las cuidades antiguas mayas. Parte de la escritura quedó registrada en códices, los cuales eran hechos en amate, corteza vegetal o, incluso, piel de venado. Formaban largas tiras dobladas como biombo y las recubrían con una fina capa color blanco llamada estuco, sobre la que dibujaban."

¿Sabías que... un códice es un documento escrito a mano que guarda valiosa información acerca de los pueblos?

CREA TU PROPIO CÓDICE. RECUERDA QUE LOS MAYAS CONTABAN SU HISTORIA CON DIBUJOS. HAZLO DE IGUAL MANERA.

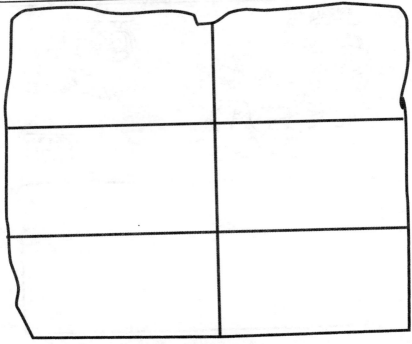

"A través de su estudio, los arqueólogos han descubierto pasajes mitológicos de historia, religión, astronomía y ciencia mayas. De estos códices, sólo sobreviven tres: el 'Dresdensis', el 'Peresianus' y el 'Tro-Cortesianus', conocidos como códices de Dresde, París y Madrid, respectivamente, por ser las ciudades donde actualmente se encuentran. En cambio, hasta la fecha, existen cientos de textos mayas en piedra y estuco, muchos de ellos sin descifrar."

EL CÓDICE "TRO-CORTESIANUS" CONTIENE LOS PRONÓSTICOS PARA LOS DÍAS DE CAZA DE ANIMALES, Y SIEMBRA O COSECHA DE ALIMENTOS.
ÉSTE ES UN FRAGMENTO DE DICHO CÓDICE.
ILUMÍNALO CON LOS COLORES QUE MÁS TE GUSTEN Y TRATA DE DESCIFRAR QUÉ DICE.

"Otra muestra de su genio fue el sistema de escritura jeroglífica que desarrollaron. Su interpretación era un problema hasta hace unas pocas décadas, cuando un equipo de arqueólogos de México y Estados Unidos descifró un código en Palenque (Chiapas). Desde entonces, los estudiosos han traducido muchas secuencias de glifos, e, incluso, han identificado algunos de los gobernantes de las ciudades como Palenque y Yaxchilán (Chiapas), o Tikal y Piedras Negras (Guatemala)."

ÉSTE ES PARTE DEL CÓDICE DRESDE, Y MUESTRA RITUALES ASOCIADOS CON EL FINAL DEL CICLO DE 365 DÍAS. ILUMÍNALO CON LOS COLORES QUE MÁS TE AGRADEN.

"Aunque la mayoría de los códices fueron quemados durante la Colonia, gracias a algunos nobles mayas educados por frailes españoles y que se dieron a la tarea de preservar su historia, religión, tradiciones y cosmovisión, se escribieron textos muy importantes, de los cuales los más conocidos son el *Popol Vuh, Memorial de Sololá* (conocido también como *Anales de los cakchiqueles*), y los libros del *Chilam Balam.*"

EL *POPOL VUH* NARRA LA HISTORIA DE LA CREACIÓN DEL HOMBRE A PARTIR DEL MAÍZ. CREA TU HOMBRE DE MAÍZ PEGANDO SEMILLAS EN EL DIBUJO.

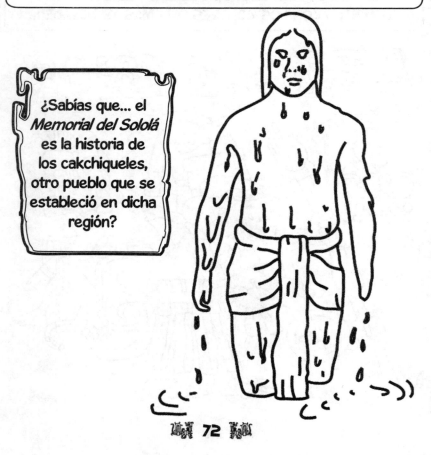

¿Sabías que... el *Memorial del Sololá* es la historia de los cakchiqueles, otro pueblo que se estableció en dicha región?

El guía se despidió de Hunab y miss Lulú, ya que el recorrido había terminado. Miss Lulú tuvo que ir al baño, así que Hunab se quedó sólo.

De repente observó una sombra que se movía entre las esculturas, y con la agilidad de un gato se escapó por la puerta. Hunab salió tras ella, y con el rabillo del ojo pudo seguirle el rastro, pero ya no era necesario correr, pues la misteriosa sombra estaba sentada en un árbol esperando a nuestro héroe.

ENCUENTRA LA SOMBRA EN EL MUSEO DE ANTROPOLOGÍA.

Lleno de miedo, y a la vez emoción, el corazón de Hunab empezó a latir cada vez más rápido a medida que se iba acercando a la sombra. Cada paso que daba, aclaraba la silueta hasta quedar totalmente al descubierto.

¡Así es!, ¡lo adivinaron! La misteriosa sombra era el personaje de sus sueños, aquel misterioso hombre con taparrabos, aretes en el rostro y un tocado enorme en la cabeza que semejaba una serpiente. "Sabía que me encontrarías," dijo la misteriosa sombra.

COLOREA EL DIBUJO DEL TEMPLO *POPOL VUH* DE LA ZONA ARQUEOLÓGICA DE COPÁN (HONDURAS). SIGUE LAS INSTRUCCIONES.

Rojo: 1
Verde: 2
Amarillo: 3
Azul: 4
Negro: 5

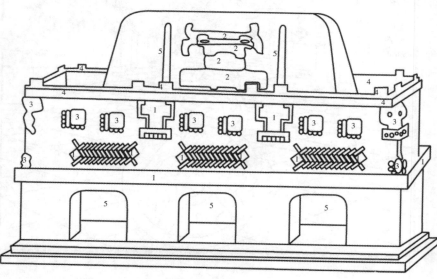

SEÑOR KUKULKÁN, ¿A DÓNDE SE FUERON LOS MAYAS?

"Es tiempo de que revele mi identidad. Soy Kukulkán, serpiente emplumada, y mi antiguo pueblo maya me rendía culto como uno de los creadores del Universo."

"Mucho gusto, señor," fueron las únicas palabras que salieron de la boca de Hunab, visiblemente sorprendido.

"¿En qué le puedo servir? ¿Por qué aparece en mis sueños? ¿Sabe dónde está mi abuelo?"

Kukulkán se puso de pié, lo cual hizo que Hunab retrocediera temeroso.

CREA TU PROPIO SELLO MAYA CON LOS SIGUIENTES GLIFOS.

En media papa copia con plumín los glifos que más te gusten.

Con la punta de un pasador raspa la parte dibujada con el plumín.

Entíntalo en un cojín para sellos.

Diviértete aplicando tu sello donde más te guste.

"No tengas miedo, ven conmigo," dijo Kukulkán al tiempo que extendía la mano. Hunab dudó un momento, pero finalmente la curiosidad era más grande que el miedo y la tomó con temor.

El museo desapareció, el aire se volvió frío y el firmamento oscureció. En un instante, Hunab y Kukulkán estaban sobre una pirámide entre la selva; abajo, se observaba mucha gente que caminaba, entraba y salía de los templos, vendían, compraban y platicaban; en un palabra, vivían.

DE LAS SIGUIENTES PALABRAS MAYAS ACTUALES CREA UNA MINIHISTORIA; PUEDES COMBINARLA CON EL ESPAÑOL.

HA': SÍ   HALA :APRESÚRATE   HUASCOP: SAPE   IT : POMPAS

ALUX: DUENDE   BAAX CAHUALIC: QUÉ ONDA?   MAOL: FLOJO

PEC: PERRO   YAY :HERIDA   ZORIMBO: TONTO   BOMBO: FUERTE

"Éste fue mi pueblo hace muchos siglos," dijo Kukulkán, al tiempo que levantaba la palma extendida y señalaba hacia abajo. "Pero eso ya lo sabes; no me podía presentar ante ti sin antes prepararte. Por eso, tuviste que aprender tantas cosas sobre mi cultura, y me aparecí en tus sueños despertando tu interés, por eso el extraño oscurecer en tu casa cuando estabas viendo la televisión. Mi pueblo desapareció, y nada puedo hacer para recobrarla."

ENCUENTRA, EN LA CIUDAD MAYA, A HUNAB Y A KUKULKÁN.

"Lo que sí puedo hacer es evitar que desaparezca el tuyo. ¿Sabes por qué sucumbió el pueblo maya?." "No," respondió seriamente Hu. "Nosotros siempre fuimos un pueblo guerrero y vivíamos en constantes luchas entre nosotros, no supimos convivir en paz, nos aniquilábamos unos a otros sin piedad para complacer a nuestros dioses y a unos cuantos hombres con hambre de poder. Fuimos avariciosos y depredamos nuestro medio ambiente hasta quedarnos sin nada."

AYUDA A KUKULKÁN A RECONSTRUIR LA CIUDAD MAYA. RECORTA LAS FIGURAS Y PÉGALAS EN UNA HOJA APARTE.

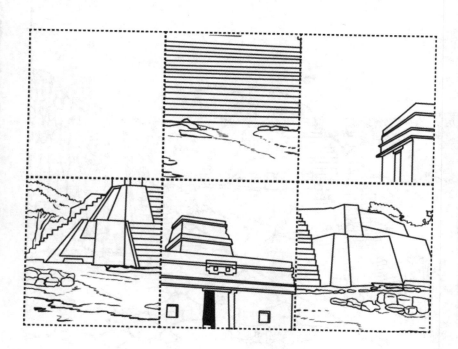

"Entre los años 800 y 1000 de nuestra era, la población creció sin medida, los gobernantes exigían cada vez más tributo al pueblo que ya no podía pagar, pues la tierra no daba más, ni siquiera para ellos. El agua empezó a escasear, porque nunca pensamos en cuidarla, en racionarla para tiempos de crisis. Creímos que los dioses mandarían la lluvia por siempre, pero un día, la lluvia cesó, nuestro maíz ya no crecía y la gente no tenía qué comer."

RECORTA LA SIGUIENTE PLANTILLA Y ARMA TU CUBO MAYA PEGANDO LAS PESTAÑAS.

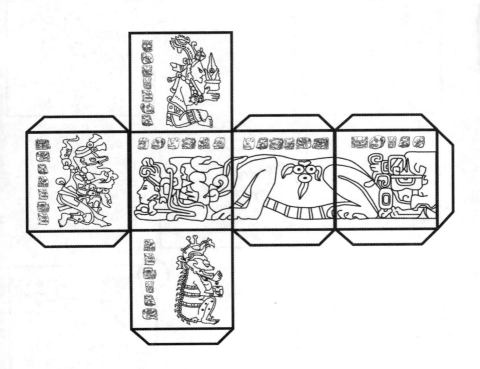

"Al no tener agua, vinieron enfermedades; al no tener qué comer, la gente se volvió agresiva y fue capaz de matar por un pedazo de pan. Hubo muchas revueltas, los que no morían asesinados o de hambre, caían enfermos. El pueblo comenzó a irse a otros lugares donde hubiera agua y comida. Tuvimos que dejar nuestra tierra, nuestros templos, nuestras casas, nuestra vida. Es por eso que estoy aquí, para que a tu gente no le pase lo mismo que a mi pueblo."

ORDENA LA SIGUIENTE HISTORIA ESCRIBIENDO EN CADA CUADRO EL NÚMERO QUE LE CORRESPONDA.

"Pero yo sólo soy un niño, ¿qué puedo hacer yo solo?," dijo Hunab casi gritando y llevándose las manos a la cabeza en signo de lamentación.

"Mucho, Hu. No es casualidad que te llames Hunab (Centro del Universo), tú eres el elegido para advertirle a tu gente sobre las consecuencias que tendrá no cuidar su medio ambiente, continuar peleando unos contra otros, y permanecer matando por poder o dinero."

ENCIERRA EN UN CÍRCULO LAS COSAS QUE PODEMOS HACER PARA CUIDAR EL MEDIO AMBIENTE.

"El 21 de diciembre de 2012 será la fecha en que comience el declive de tu civilización. El agua escaseará porque dejará de llover, las guerras vendrán una tras otra, la comida se agotará, y tu pueblo tendrá que dejar su tierra para buscar comida.

Lo ocurrido al pueblo maya le sucederá al tuyo; sólo quedarán recuerdos, lágrimas y edificios destruidos; ruinas y muerte. Tú eres el elegido, Hunab, a ti asigné la misión de difundir el mensaje para que la profecía no se cumpla."

DIBUJA UNA HISTORIA DE CÓMO TE IMAGINAS EL FIN DEL MUNDO EN EL AÑO 2012 Y EXPLÍCALA EN EL SIGUIENTE CUADRO.

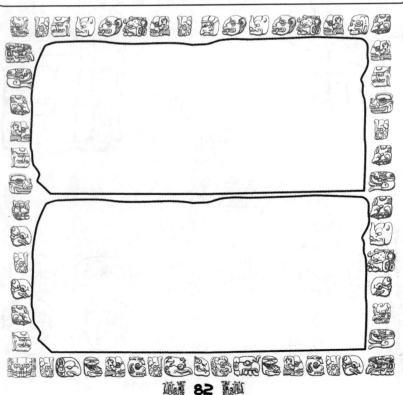

¿CÓMO VIVEN LOS MAYAS ACTUALES?

"¿Cómo se supone que yo, un niño de 8 años, evitará el fin del mundo?," preguntó Hunab muy alterado.

"Para cambiar el mundo, primero hay que empezar por uno mismo. Cuida el agua, planta todos los árboles que puedas, no tires desechos en la calle, no desperdicies la comida, utiliza el automóvil lo menos posible, separa y recicla la basura, ayuda a quien lo necesite, y convence a familiares y amigos para que hagan lo mismo," dijo Kukulkán.

¿QUÉ OTRAS IDEAS SE TE OCURREN PARA SALVAR EL PLANETA? DIBÚJALAS Y EXPLÍCALAS.

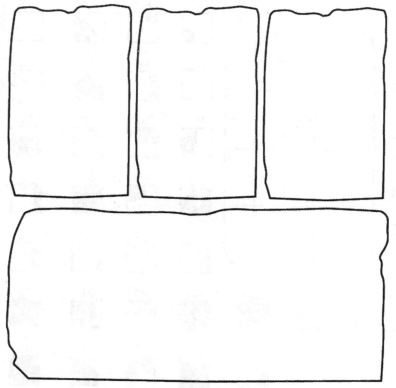

Hu se quedó meditando por un momento. Cuando reaccionó y quiso decir algo, Kukulkán, la selva, la gente y la gran pirámide habían desaparecido; se encontraba en el Museo de Antropología frente a la réplica de la tumba de Pakal (antiguo rey maya cuya tumba fue descubierta en Palenque, Chiapas).

Cuando salió de su asombro, descubrió un papel en su mano que decía: "Tu abuelo está encerrado en una bodega; la dirección está escrita al reverso".

COPIA LOS CUADROS RELLENOS Y COLÓCALOS EN LA CUADRÍCULA, SEGÚN LAS COORDENADAS, PARA ENCONTRAR AL ABUELO DE HUNAB.

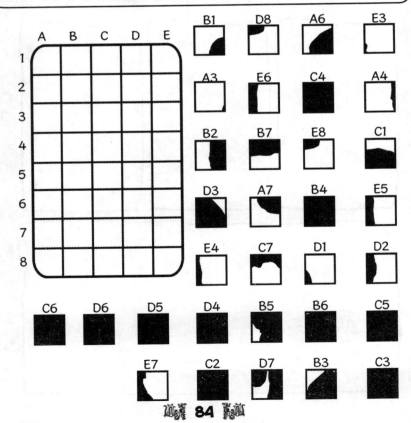

Hunab habló con su mamá de inmediato; ella, a su vez, corrió a informarle a la policía. Al día siguiente rescataron al abuelo ileso, y los secuestradores fueron llevados a la cárcel.

Hunab tuvo que esperar unos días para ver al abuelo, pues estaba en el hospital para estar seguros de que no sufrió ningún daño.

Cuando por fin salió el abuelo, su mamá decidió hacer una comida en su honor. Los invitados fueron miss Lulú y los amigos de Hunab.

HAZ TU PRIMERA ACCIÓN A FAVOR DEL MEDIO AMBIENTE. CULTIVA TU PROPIA PLANTA.

Consigue un frasco de vidrio amplio.

Llena la mitad con algodón mojado.

Pide a tu mamá alguna semilla de frijol, chícharo o lenteja y ponla en el algodón.

Colócala en un lugar soleado.

Cuando comience a crecer, trasládala a una maceta.

Una vez en la maceta, riégala cada tercer día con una taza de agua. Cuídala y diviértete viéndola crecer.

Cuando Hunab vio llegar a su abuelo, corrió hacia él y se abrazaron con gran efusividad. No supieron qué decirse, pues ambos estaban visiblemente conmovidos.

Cuando la emoción bajó de tono, por fin pudieron hablar acerca de lo ocurrido. Hunab le contó toda su aventura, lo que le había dicho Kukulkán, y cómo supo dónde lo tenían secuestrado. El abuelo, por su parte, no quería hablar de lo sucedido, así que prefirió cambiar el tema.

> PÍDELE A TU MAMÁ FOTOS DE MIEMBROS DE TU FAMILIA QUE PUEDAS RECORTAR Y PÉGALOS EN EL DIBUJO DE LA ZONA ARQUEOLÓGICA DE CALAKMUL (CAMPECHE).

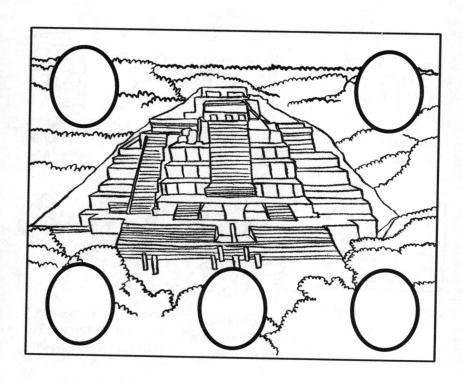

"¿Así que has aprendido mucho de la cultura maya, hijo?," preguntó el abuelo caminando de la mano con Hunab por el jardín de la casa. "Sí, abuelo, mucho; pero todavía tengo una duda, ¿es verdad que todos los mayas desaparecieron?."

"Sí y no," contestó el abuelo torciendo un poco la boca. "Es una pregunta difícil; no se sabe a ciencia cierta qué sucedió con los antiguos habitantes de la gran civilización maya."

¿A QUÉ CREES QUE JUGABAN LOS ANTIGUOS NIÑOS MAYAS? DIBÚJALO.

"Buena parte de la tradición maya prehispánica se ha conservado en la vida familiar de los diferentes grupos étnicos actuales.

El territorio maya, tal como lo conocemos hoy, se construyó a partir de la Conquista, cuando los españoles y, posteriormente los mestizos, impusieron fronteras artificiales entre comunidades que antes habían estado unidas, o cuando intentaron reunir pueblos que ni siquiera compartían las mismas tierras."

VISTE A LOS ANTIGUOS MAYAS COMO NOS VESTIMOS ACTUALMENTE.

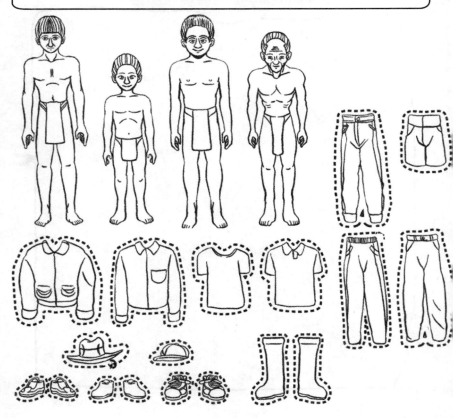

"El resultado fue que en la zona maya actual habitan personas de distintas culturas y hablan muy diversas lenguas. Aún existen por lo menos 28 lenguas indígenas mayas, las cuales pertenecen a 11 grupos lingüísticos diferentes distribuidos en toda la región.

Los hombres cultivan los predios familiares, mantienen comercio a larga distancia, y las mujeres tejen vestidos y hacen utensilios y figurillas de barro para la venta turística."

¿A QUIÉN DE LOS FAMOSOS ACTUALES SE PARECEN LOS DIBUJOS? RECORTA LA FOTO DE REVISTAS, PERIÓDICO O INTERNET Y PÉGALO AL LADO.

Juega y descubre la cultura maya

"Los campesinos mayas todavía hoy rinden culto a sus divinidades; aunque muchos ritos ya no se realizan o han cambiado. Su religión es una mezcla de rituales prehispánicos y cristianos.

En general, los grupos indígenas en México han estado relegados desde la época de la Conquista y, en particular, las etnias de la zona maya han luchado por la defensa de su tierra y su derecho a gobernarse por sí mismos."

¿TE IMAGINAS SI EL HÉROE DE NUESTRO CUENTO HUBIERA SIDO NIÑA? ¿CÓMO SERÍA? DIBÚJALA.

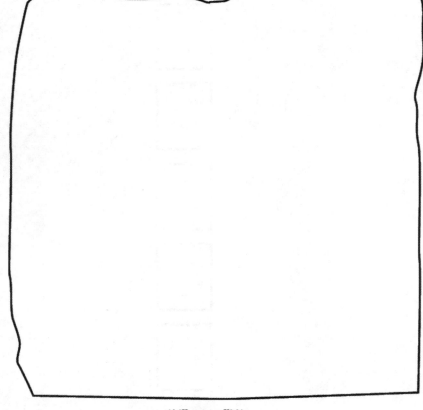

"¿Algún día me llevarás a conocer la zona maya, abuelo?," preguntó Hu dibujando una sonrisa en los labios.

"Por supuesto, hijo, ¿qué te parece si en estas vacaciones nos vamos con tu mamá de aventura por Yucatán, Chiapas, Quintana Roo y Centroamérica, para conocer en vivo y a todo color su cultura y sus antiguas ciudades?"

"Síiiiiiiiiiii," fue el grito que pronunció Hunab al tiempo que saltaba por todo el jardín lleno de felicidad y emoción.

PON EL NOMBRE QUE CORRESPONDA A CADA PERSONAJE DE NUESTRO CUENTO.

Desde ese día Hunab fue diferente, pues lo que dijo el dios Kukulkán no lo olvidaría jamás; lucharía con todas sus fuerzas por cuidar el medio ambiente y por dar a conocer el destino que nos espera si no cambiamos nuestra forma de convivir con el planeta y con los demás seres humanos.

Así fue como Hunab conoció la cultura maya, resolvió el misterio de sus profecías y ayudó a rescatar a su abuelo. Su viaje a la zona maya lo relataremos en otra ocasión. Nuestra historia ha terminado.

DIBUJA EL FINAL QUE TE HUBIERA GUSTADO DE ESTA HISTORIA Y EXPLÍCALO.

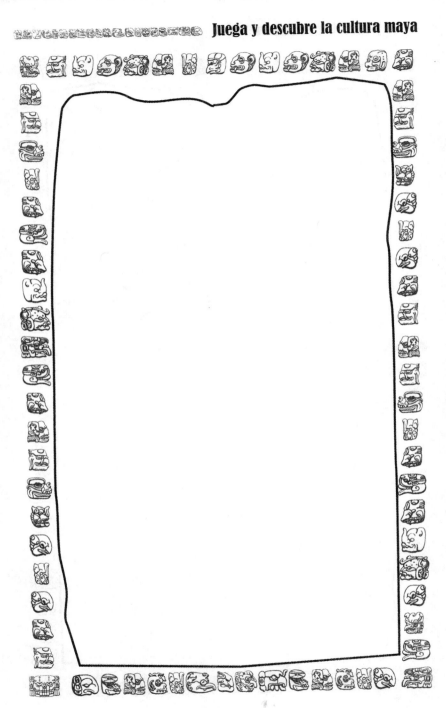

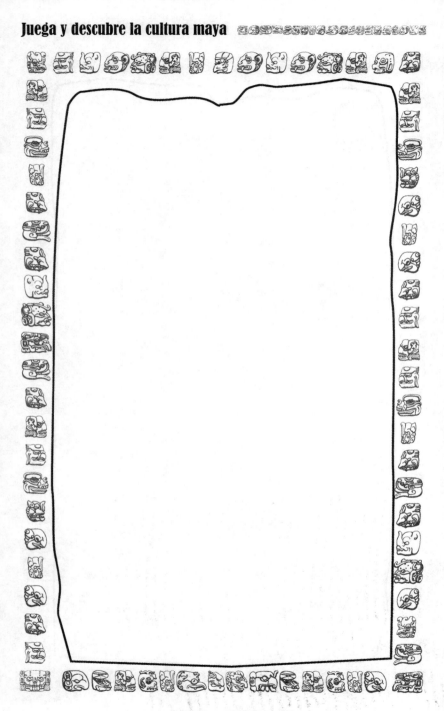

ÍNDICE

Esta obra se termino de imprimir en Abril del 2010 en Editores impresores fernandez S.A de C.V
Retorno 7 de sur 20 No 23 Col. Agricola Oriental México D.F. Se tiraron 1,000 Ejemplares más
sobrantes para reposición,correo electronico : eif2000@prodigy.net.mx